mini BIOGRAFÍAS

Dalí
La conquista de la fama

Textos: José Morán
Revisión: Isabel López
Ilustraciones: Carmen Guerra
Diseño y realización: delicado diseño

© SUSAETA EDICIONES, S.A.
C/ Campezo, 13 - 28022 Madrid
Tel.: 91 3009100 - Fax: 91 3009118
www.susaeta.com

Cualquier forma de reproducción o transformación de esta obra sólo puede ser
realizada con la autorización del titular del copyright. Diríjase además a CEDRO
(Centro Español de Derechos Reprográficos, www.cedro.org) si necesita
fotocopiar o escanear algún fragmento de esta obra.

mini BIOGRAFÍAS

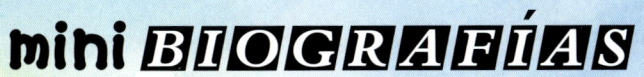

Dalí

La conquista de la fama

José Morán
Ilustrado por Carmen Guerra

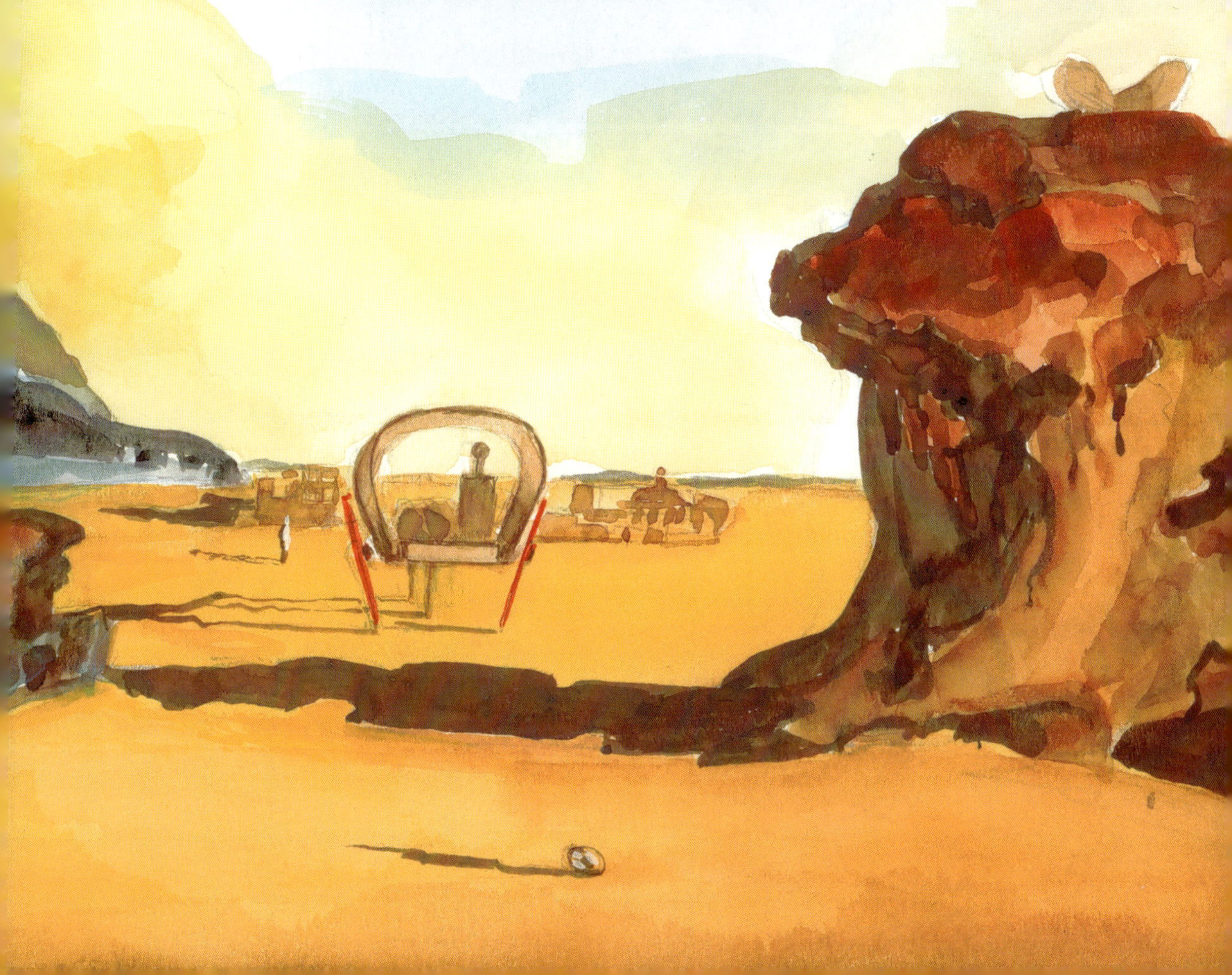

Sumario

Genio y figura 6
El niño mimado 8
El joven introvertido 10
Feliz en Madrid 12
Pintor surrealista 14
Gala, Gala, Gala 16
Dalí y el cine 18
Dalí excéntrico 20
Dalí sin caretas 22
Triunfo en Nueva York 24
De nuevo en casa 26
El peso de los años 28
Sus mejores pinturas 30
El Teatro-Museo Dalí 32

Genio y figura

Salvador Dalí (1904-1989) no sólo destaca como gran pintor y uno de los mejores dibujantes de todos los tiempos. Dalí fue, antes que nada, un personaje. Desde muy joven se propuso triunfar, ser famoso, llamar la atención… ¡y vaya si lo consiguió! Mucha gente le admiró, pero muy pocas personas le quisieron de verdad. Acaso por su irrefrenable narcisismo. Dedicó su enorme talento tanto a la pintura como a la propaganda de su imagen pública. Era un gran actor que se representaba a sí mismo y un maestro de la extravagancia y el disparate. Destacó también como un ingenioso inventor de frases divertidas y provocadoras. Su gran creatividad le llevó a adentrarse con éxito en diversos territorios artísticos al margen de la pintura: cine, escultura, ilustración de libros, diseño, moda, publicidad, novela, autobiografía… A su muerte, nos dejó más de mil quinientos cuadros y un originalísimo Teatro-Museo lleno de sorpresas. Y es que Dalí era una sorpresa permanente para todos. También, quizá, para sí mismo…

El niño mimado

Salvador Jacinto Dalí Doménech nació en la localidad catalana de Figueras en 1904. Sus padres le mimaron demasiado. Consentían todos sus antojos y le hacían montones de regalos, por lo que el niño salió **bastante caprichoso**.

La familia

Dalí nació en el seno de una familia acomodada. **Su padre (Salvador) era notario y su madre** (Felipa), una dama con talento para la **artesanía. Dalí tenía una hermana**, llamada Ana María, cuatro años más pequeña que él.

Salvador II

Sus padres, antes de que naciera él, tuvieron un hijo que también se llamaba Salvador pero murió a los dos años. Cuando el futuro pintor (Salvador II) tenía cinco, **le llevaron a la tumba de su hermano** y le dijeron que él era como su reencarnación. **Esa revelación** influyó mucho en el pequeño y, según cuenta en sus memorias, **le marcó de por vida**.

Sus caprichos

Aunque normalmente iba vestido de marinerito, **lo que más le gustaba en el mundo al pequeño Dalí era disfrazarse de rey**, sentarse en una silla y dar órdenes. Aunque también a veces le vestían de niña… No todos sus juegos tenían gracia. Se dice que, para llamar la atención, algunas veces **hacía caca en cualquier habitación** de la casa.

¿Sabías...

...que a **Dalí, de pequeño, no le hablaron de Dios** en casa ni en la escuela? Su padre no era creyente (aunque luego cambió) y le llevó a un colegio laico hasta su adolescencia. Luego le matriculó en uno de religiosos... para que aprendiera francés.

Sus sueños

Soñaba con ser cocinera, después Napoleón y luego Dalí. **Le apasionaba el cine.** Como en su casa no faltaba el dinero, compraron una especie de proyector, nada corriente en aquellos tiempos, en el que reproducían documentales geográficos y películas de risa. Más adelante, Dalí también haría muchas payasadas...

Sus miedos

A Salvador **le aterrorizaban las langostas.** Cuando se enteraron sus compañeros de colegio, empezaron a dejarle una en su pupitre. Dalí, al verla, **salía del aula dando gritos escaleras abajo.** Para librarse de esa tortura, les hizo creer que lo que de verdad le infundía pánico eran las **pajaritas de papel.** Cuando se las enseñaban, él simulaba un miedo atroz. Quizá gracias a esos fingimientos infantiles, llegó a ser tan buen actor en el gran teatro del mundo.

El joven introvertido

El Dalí adolescente era un muchacho **alto, delgado, guapo, tímido, inteligente y rebelde** al que le encantaba pintar, leer y pasear por la playa. Fue en aquellos años cuando **tomó la firme decisión de tener éxito** en la vida.

Timidez enfermiza

Aunque pueda parecer lo contrario por las payasadas que inventaba, todos sus familiares y conocidos afirman que el joven Salvador era muy vergonzoso. Cuando le preguntaban algo en clase, **prefería fingir un desmayo antes que hablar en público.** Y en los recreos, se escondía o se iba a un lugar tranquilo para pasar inadvertido.

SORPRENDENTE

La primera exposición de cuadros de Dalí (junto a otros dos prometedores pintores del Ampurdán) tuvo lugar en Figueras en 1918, **cuando tenía ¡catorce años!** Como Mozart o Picasso, Dalí también fue un niño prodigio.

Pintar y pintar

Le apasionaba dibujar y pintar. Con su asombrosa capacidad de observación, **se fijaba en los desconchones y manchas de las paredes e imaginaba cuadros:** una bailarina, un soldado romano, un paisaje… Con sólo doce años descubrió, fascinado, que **al mirar las cosas a través de un tapón de cristal** (que desde entonces llevaba consigo) se veía el mundo como en los cuadros impresionistas.

El cabo de Creus

Cuando podía, se iba junto al mar. Era feliz allí, en los alrededores de Cadaqués, donde veraneaba la familia, contemplando la luz mediterránea, los vivos colores, la textura de la arena de la playa y **las extrañas formas de las rocas,** que más adelante utilizaría en sus cuadros más famosos.

Un gran dolor

En 1921, cuando tenía sólo diecisiete años, **Dalí perdió a su madre.** Fue un golpe muy duro para él. Años después escribió en su diario: «Con los dientes apretados de tanto llorar, me juré que arrebataría a mi madre a la muerte con las espadas de luz que algún día brillarían brutalmente en torno a mi glorioso nombre».

Primer amor

Dalí **soñaba muchas veces con la mujer ideal.** Y esa mujer se hizo realidad cuando Salvador estudiaba en la Escuela de Dibujo de Figueras. La chica se llamaba **Carmen. Este primer amor de Dalí fue un amor muy romántico,** plagado de cartas, poesías y paseos. Duró más de un año, hasta que Salvador emprendió viaje a Madrid para proseguir sus estudios.

Feliz en Madrid

En 1922, **Salvador se fue a Madrid** para estudiar en la Academia de Bellas Artes de San Fernando. Tenía dieciocho años. Se alojó en la prestigiosa **Residencia de Estudiantes**, donde conoció a García Lorca y Buñuel. **Aquellos años dejaron un recuerdo maravilloso e imborrable** en el joven artista.

Un dandi

Dalí adoptó entonces, **para llamar la atención**, la imagen con que será recordado: **bigote puntiagudo** (como homenaje a Velázquez) fijado con azúcar de dátil, **pelo larguísimo** abrillantado con barniz y aplastado hacia atrás, **capa** hasta los pies y **corbata enorme**.

Su mejor amigo

Fue el poeta **Federico García Lorca**, que tenía una personalidad arrolladora y era simpatiquísimo. Sabía hacer de todo: pintar, cantar, tocar el piano, contar historias… Dalí le invitó a veranear a Cadaqués en más de una ocasión. Salvador jamás pudo olvidarlo.

Vida bohemia

¡Qué bien se lo pasó Dalí en Madrid! Trasnochaba, asistía a tertulias culturales en tabernas y cafés de moda, **escuchaba conciertos de jazz, bailaba charleston, visitaba el Museo del Prado, montó una exposición** con sus últimos cuadros… Poco a poco se iba haciendo famoso, como pretendía.

La Academia

En la Academia **le expulsaron** por decir a los profesores durante un examen oral que eran unos incompetentes y que él sabía más que ellos.

Con Picasso

En 1926, durante un viaje a París, **conoció a su mayor ídolo: Picasso.** Pasaron unas horas juntos y se mostraron algunas de sus obras, pero no llegaron a ser amigos. Y la política, años después, les separó definitivamente.

Encarcelado

Como el joven Dalí **era anarquista, comunista y republicano,** al volver a Gerona, durante unos altercados antimonárquicos con motivo de una visita del rey Alfonso XIII, le metieron en la cárcel durante casi un mes. Le vino muy bien: así creció su popularidad.

DIJO...

Ya entonces el ingenio de Dalí se traducía en **agudas e irónicas sentencias.** Por ejemplo:
—«Éramos (en Madrid) de una magnificencia y una generosidad sin límites con el dinero ganado por nuestros padres con su trabajo».
—«Lo importante es que hablen de ti, aunque sea bien».

Pintor surrealista

Los años siguientes los pasó Dalí entre Figueras y París, cuna del Surrealismo, tendencia artística a la que se unió en 1927. Para Salvador, **el movimiento surrealista** (fundado por el poeta André Breton) **supuso como un segundo nacimiento.**

El inconsciente

El Surrealismo intenta ir más allá de lo real a través de lo irracional para liberar el espíritu. Los artistas de esta corriente, influidos por el doctor Freud, exploran el inconsciente y **se concentran en sueños, mundos interiores, imágenes absurdas y oscuros recuerdos.**

Cuadros delirantes

Los cuadros de Dalí de esta época son muy valorados. **Pinta playas infinitas con pequeñas figuras en la lejanía, relojes blandos, cuerpos con agujeros, huevos gigantes, árboles en forma de cabeza, rocas amenazadoras, animales repulsivos** de difícil comprensión.

Dos por uno

Dalí era un experto en pintar **obras que esconden imágenes dobles.** Gracias a distintos efectos ópticos, sus cuadros muestran dos realidades distintas. Por ejemplo: **un paisaje puede verse también como un rostro humano, un frutero como un perro,** varios cuerpos como una calavera o una escultura griega como un torero.

Vestido de buzo

En 1936, Dalí expuso en Londres y cosechó un gran éxito. Parte de éste quizá se debiera a que **dio una conferencia sobre el Surrealismo vestido de buzo.** Estuvo a punto de asfixiarse.

Desheredado

Sus ocurrencias surrealistas también le trajeron disgustos. Un día, a Dalí se le ocurrió pintar un cuadro espantoso en el que escribió una desafortunada frase: «A veces escupo sobre el retrato de mi madre para entretenerme». **Su padre le echó de casa y le desheredó,** no sin antes llamarle desgraciado, vil, pedante y sinvergüenza. La respuesta del artista fue **pelarse al cero.** Tardaron más de cinco años en dirigirse la palabra.

DIJO...

Una vez le preguntaron por qué pintaba relojes blandos. Respondió: «Lo importante no es que sean blandos o duros, sino que marquen la hora exacta».
Y cuando le expulsaron del movimiento surrealista en 1934 por desobedecer sus consignas, dijo: **«La única diferencia entre los surrealistas y yo es que yo soy surrealista».**

Gala, Gala, Gala

Gala fue el gran amor indiscutible de Dalí. Para él fue como una aparición, la verdadera mujer ideal con la que siempre había soñado y que le estaba predestinada. Se conocieron en 1929 y ya nunca se separaron. Gala era diez años mayor que Dalí.

¿Quién era?

Gala se llamaba Elena Dimitrovna Diakonova. Era una mujer de origen ruso, bajita, muy bella y sensual, aficionada a la literatura, al juego y a la buena vida, que generaba a su alrededor filias y fobias por igual. Antes de conocer a Dalí, había sido la musa de varios artistas. De hecho, estaba casada con el poeta Paul Éluard, con el que tuvo una hija llamada Cécile.

¿Cómo la conoció?

Durante el verano de 1929, Paul Éluard y Gala fueron a Cadaqués, junto con Magritte y otros artistas que Dalí había conocido en París. **Cuando Dalí vio pasear por la playa a Gala, se enamoró ciegamente de ella.** Para conquistarla, Dalí puso en práctica las ideas más absurdas y divertidas que se le ocurrieron: ponerse un geranio en la oreja, depilarse las axilas y teñirlas de azul… Su estrategia dio resultado.

¿Sabías...

...que Dalí llamaba a Gala de mil formas cariñosas: **Gala, Galarina, Galuxka, Gradiva, Oliva, Oliveta...?** Y un día **le compró un castillo medieval** en la localidad catalana de Púbol, para que tuviera su rincón independiente.

Chica para todo

Con el tiempo, aquella belleza rusa **se convirtió en su mujer, pero también en su inspiradora, modelo, secretaria, representante, consejera, cocinera y chófer.** Dicen las malas lenguas que a Gala le gustaba el dinero todavía más que a Dalí. Gala abandonó a su marido y en 1934 se casó por lo civil con Dalí.

Port Lligat

En una diminuta aldea cercana a Cadaqués, llamada Port Lligat, **Dalí y Gala compraron una pequeña barraca de pescadores** en 1930. No tenía luz ni agua. **Les costó doscientas cincuenta pesetas** (1,50 euros). Poco a poco compraron otras barracas cercanas y las acondicionaron hasta convertirlas **en un verdadero palacio** lleno de pasadizos y curiosas estancias **con extraños objetos.**

Dalí y el cine

A Dalí le fascinó el cine desde niño, cuando le ponían películas cómicas en su casa. Durante su juventud iba al cine todos los domingos. Años después, realizó varios guiones y **colaboró en películas de grandes directores como Hitchcock o Disney.**

Un perro andaluz

Su éxito más notable fue *Un perro andaluz,* **la primera película surrealista de la historia,** que escribió con Buñuel. En ella **salían escenas muy raras:** una cuchilla de afeitar cortando un ojo, un burro muerto tumbado sobre un piano al que arrastraban dos frailes, una mujer sin boca… Se estrenó en París en 1929.

Escándalo

La edad de oro, en colaboración con Buñuel, escandalizó a muchos. **Fue prohibida** poco después de su estreno porque contenía escenas muy fuertes y ridiculizaba la figura de Jesucristo. Dalí no aparecía en los títulos de crédito, quizá por olvido de Buñuel, quizá porque no quiso ponerlo. Desde entonces, **Dalí y Buñuel rompieron para siempre su amistad.**

Con los Marx

Como a Dalí le encantaba el sentido del humor, inteligente y absurdo, de los hermanos Marx, escribió para ellos *Jirafas en ensalada de lomos de caballo.* Nunca llegó a rodarse, pero Dalí y Harpo Marx se hicieron amigos. El pintor regaló al cómico un arpa surrealista cuyas cuerdas estaban hechas... ¡con pinchos!

SORPRENDENTE

Para el rodaje de *Un perro andaluz*, necesitaban hormigas. Como no las encontraban en París, Dalí tuvo que llevarlas desde España. El día del estreno de la extraña película, tenían tanto miedo a la reacción del público que **Buñuel se llenó los bolsillos de piedras por si se tenían que defender** de los ataques de los espectadores.

Con Walt Disney

Dalí creó el guión y 153 dibujos para una película de Disney llamada *Destino*. Pero eran tiempos de penuria económica y sólo se hizo una escena de prueba. Muchos años después, **en 2003, ya fallecidos ambos, se realizó por fin el extraordinario y delirante corto** de dibujos animados.

Y Hitchcock

Con Alfred Hitchcock colaboraría Dalí diseñando el **escenario y la secuencia de baile de la famosa película *Recuerda*,** aunque la rodaron simplificando sus ideas, muy difíciles de llevar a la práctica. Entre otras cosas, **Dalí había previsto catorce pianos colgando del techo.**

Dalí excéntrico

Son casi infinitas las anécdotas que protagonizó Dalí. Tan excéntrico se mostraba en público que de él se podía esperar cualquier cosa. Fue un maestro de la publicidad. Con tal de aumentar su fama, **era capaz de todo:** dar una rueda de prensa pintado de azul, subir a la torre Eiffel con un elefante o anunciar chocolate por televisión.

Los ciclistas

Tenía obsesión por los ciclistas. Con frecuencia los pintó, a veces adornados con velos de novia o piedras en la cabeza. **Le encantaba ver por televisión el Tour de Francia,** la carrera más famosa del mundo, **pero colocaba la tele boca abajo,** pues decía que así sufrían más los corredores.

El gran pan

Cuando en 1934 viajó a Estados Unidos por primera vez, **encargó al cocinero del barco una barra gigantesca de pan, de unos diez metros de largo,** para obsequiar con ella a los periodistas que le esperaban en el puerto. Dalí siempre ofrecía titulares a la prensa…

La bañera

Una vez, le encargaron el diseño de un escaparate en la Quinta Avenida de Nueva York. Dalí ideó un montaje muy llamativo con… una bañera peluda. Cuando fue a verlo, al comprobar que habían cambiado parte de su diseño, se enfadó y **lanzó la bañera contra el cristal,** que se rompió. **Llevaron a Dalí a la cárcel,** cosa que aprovechó para hacerse más popular todavía, tras el gran jaleo que se armó.

SORPRENDENTE

Dalí tenía una manía que desconcertaba a sus admiradores, y no era para menos. **Cuando le pedían un autógrafo,** él lo firmaba complacido, pero a continuación **se guardaba con toda naturalidad el boli o la pluma** del que le había pedido la firma.

Dalí sin caretas

Resulta complicado saber cómo era Dalí. Casi siempre **escondía su personalidad tras distintas caretas**. Estaba acostumbrado a fingir desde su juventud. Al principio, para ocultar su timidez; después, para hacerse famoso. En cualquier caso, entre sus rasgos destacan la **inteligencia y el sentido del humor**.

¿Estaba loco?

Según las personas que mejor le conocían, entre ellas su hermana, **no estaba loco en absoluto**. Sólo hacía el payaso cuando había periodistas delante. El mismo Dalí llegó a decir: «La única diferencia entre un loco y yo es que yo no estoy loco».

Presumido

Sin duda Dalí, **como la mayoría de los artistas, era vanidoso**. Le encantaba que le llamaran «el divino». Declaraba: **«Estoy locamente enamorado de mí mismo**. Cada mañana al despertarme, siento un placer supremo, el placer de ser Salvador Dalí».

Ávida dollars

Él mismo reconocía que **le encantaba el dinero.** André Breton, el fundador del Surrealismo, cuando discutió con Dalí, compuso un ingenioso **sobrenombre** formado por las letras de «Salvador Dalí» cambiadas de sitio: **ávida dollars,** que significa «ávido de dólares».

¿Convicciones?

El joven Salvador, durante la República, se declaraba anarquista y comunista. Cuando empezó a tener éxito abominó de todo eso. Durante la Guerra Civil no tomó partido por ningún bando. Después se llevó bien con el régimen franquista. Con la llegada de la democracia y la monarquía, tuvo un excelente trato con los reyes de España. Seguramente **Dalí no tenía firmes convicciones políticas.**

DIJO...

Cuando los nacionales asesinaron al poeta García Lorca, Dalí estaba en Londres. Se creó muchos enemigos cuando dijo: «Su muerte fue explotada con fines propagandísticos. Esto era innoble, pues sabían tan bien como yo que **Lorca era por esencia la persona más apolítica del mundo***».*

El día a día

En la vida cotidiana, Dalí **era una persona bastante normal,** con sus costumbres y pequeñas manías. Se levantaba muy pronto y **pintaba desde las siete de la mañana hasta la comida.** Después de echarse la siesta, seguía trabajando, y al caer la tarde recibía visitas. Nunca bebía alcohol. **Le gustaban** el *jazz,* los refranes populares y **usar camisetas manchadas.**

Triunfo en Nueva York

Cuando los alemanes ocuparon París durante la Segunda Guerra Mundial, **Dalí y Gala huyeron a Estados Unidos.** Permanecieron allí ocho años, que resultaron muy felices. **Dalí ganó montañas de dinero y se consagró como el pintor más famoso del mundo.** Sin embargo, al popularizarse, seguramente se resintió la categoría de sus obras.

La vida secreta

Aunque sólo contaba treinta y ocho años, en 1942 Dalí **publicó su primer libro de memorias,** titulado *La vida secreta*. Se trataba de una **excelente pieza literaria, anárquica, divertida y sorprendente, aunque no muy de fiar,** ilustrada por él mismo, que le dio mucho dinero y le catapultó a lo más alto de la fama.

Retratos

Dalí estaba de moda. Le invitaban a las fiestas de la alta sociedad. Todos querían tener su retrato pintado por «el divino». Así, **ganó miles de dólares inmortalizando a famosos y nuevos ricos.** Su increíble facilidad para el dibujo y **la minuciosidad de su trazo, casi fotográfico, causaban admiración general.** Fue por entonces cuando Dalí declaró con su habitual humor: «Me estoy volviendo ligeramente multimillonario».

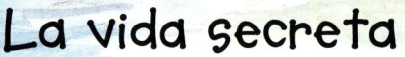

¿Sabías...

...que, aunque Dalí no tenía ni idea de inglés, **Nueva York se convirtió en su ciudad favorita**? En efecto, allí se hizo mundialmente famoso.

Diseñador

En Nueva York, Dalí triunfó además como **diseñador**: escenarios de *ballet*, joyas, corbatas, medias de mujer, camisetas, botellas de perfume, sillas, escaparates y toda clase de objetos que llevaban el sello de la originalidad e ingenio de su creador. Son famosos, entre otros, sus **sombreros con forma de zapato**, el sofá formado por unos labios y su teléfono-langosta.

El *Dali News*

Fundó un periódico de cuatro páginas, humorístico y disparatado, para **autopromocionarse**. Lo llamó el *Dali News*, como guiño al famoso *Daily News*. Llegaron a salir varios números. La presentación resultaba exquisita, pues Dalí era un enamorado de la caligrafía y **se inventó un alfabeto**, compuesto por los llamados «daligramas».

De nuevo en casa

A Gala y Dalí les iba estupendamente en Estados Unidos, pero **Salvador sentía nostalgia de su querida tierra catalana.** Regresaron en 1948 y **se establecieron en su casa de Port Lligat.** Como siempre, Dalí supo adaptarse como un camaleón a las nuevas circunstancias políticas y modas artísticas.

¿Traidor?

Algunos artistas e intelectuales **de izquierdas** en el exilio, entre ellos Picasso, **se sintieron traicionados por Dalí** cuando éste regresó a España, porque gobernaba Franco. El pintor catalán se defendió diciendo que **a él no le interesaba la política, sino el arte.**

Con la Iglesia

En aquellos años, **Dalí se acercó al catolicismo,** seguramente de buena fe. Fue recibido por el Papa Pío XII en 1949 y 1955. Pocos años después de la muerte de Paul Éluard, **Gala y Dalí se casaron por la Iglesia en 1958.** Como era un excelente ilustrador, **realizó magníficas versiones de** *La Biblia* y *La divina comedia.*

Con Franco

Franco recibió dos veces a Dalí. Parece que se llevaban bien pero es difícil saberlo, porque los dos eran maestros en el arte de disimular. **Ambos sacaron provecho** de su relación. A Franco le favorecía que uno de los mejores artistas del mundo viviera en España. Y Dalí, por su parte, abrió el mercado español a sus obras.

Nuevo estilo

Dalí sabía que el Surrealismo había pasado de moda. Por eso **se inventó el realismo místico,** que era una vuelta al arte figurativo más tradicional, y más tarde **el hiperrealismo metafísico,** cercano a la fotografía. Pintó **cuadros de carácter histórico y religioso fáciles de entender:** *El Cristo de San Juan, La Última Cena, El sueño de Colón,* etc.

Nanita

En 1955 conoció a una mujer de gran personalidad: **Nanita Kalaschnikoff, una modelo** nacida en Madrid y casada con un ruso. Era hija de un escritor muy popular que firmaba como *El caballero audaz*. Nanita, una joven rubia, alegre y culta, **se hizo amiga íntima de Dalí.**

SORPRENDENTE

Cuando Gala y Dalí volvieron de Estados Unidos en barco, **trajeron a bordo un cochazo: un Cadillac azul último modelo.** El puerto estaba lleno de curiosos que miraban con la boca abierta el coche conducido por Gala. Y es que, en España, había muy pocos coches y ninguno como aquél.

El peso de los años

Dalí fue envejeciendo en medio de una enorme popularidad. **Diseñó el famoso logotipo de Chupa Chups.** Montó en Figueras el Museo Dalí. Se celebró **en París una exposición antológica de su obra que fue visitada por más de un millón de personas.** El rey Juan Carlos le concedió el título de **marqués**. Pero los años no perdonan…

Amanda

La última gran amiga de Dalí fue **Amanda Lear.** Provenía de un cabaret parisino y trabajaba como modelo, pero era además una buena pintora y aún mejor solista, tanto que con el tiempo **triunfó como cantante pop.** Cuenta Amanda en sus memorias que **contrajo con Dalí una especie de matrimonio espiritual en la cumbre de una montaña.**

Falsificaciones

Cuando la tecnología permitió la **comercialización masiva** de pinturas e ilustraciones en forma de pósters, postales, láminas, etc., Dalí ganó muchos millones de pesetas. Sin embargo, **cometió un error: aceptó firmar hojas en blanco, a diez dólares cada una, para que reprodujeran en ellas sus obras.** Eso dio lugar a numerosas falsificaciones de su obra.

Decadencia

Cuando murió Gala en 1982, Dalí perdió la ilusión por todo. Se deprimió, no comía y enfermó de Parkinson: **le temblaba la mano, lo que le impedía pintar.** Le daba pánico mirarse al espejo, pues le mostraba su ancianidad y le anunciaba la muerte. **Su último cuadro** se llama *Cola de golondrina*. Lo pintó en 1983.

Enero de 1989

Sufrió mucho los últimos años de su vida. Le ingresaron varias veces en una clínica. Perdió su buen humor. Por fin, **falleció el 23 de enero de 1989**, después de haber recibido los sacramentos y de modificar su testamento, en el que **nombró heredero universal de sus bienes y obras al Estado español,** en perjuicio de la Generalitat de Cataluña. Iba a cumplir ochenta y cinco años.

¿Sabías...

...que **el grupo musical Mecano**, que hizo furor en los años 80, **dedicó una inspirada canción a Salvador Dalí?** En su letra recogía las palabras que el pintor pronunció, a duras penas, en su última aparición pública, a la puerta del hospital: «Los genios no deben morir...»

Sus mejores pinturas

Entre la extensa obra de Dalí, **no resulta fácil señalar cuáles son sus mejores pinturas,** más significativas o inspiradas. No obstante, se reseñan aquí algunas muy valoradas, correspondientes a distintos estilos y épocas de su vida.

Ana María

De los retratos que hizo Dalí a su hermana Ana María, tiene un especial encanto **Mujer en la ventana** (1925). **Lo pintó con veintiún años.** Se ve al fondo el mar y la costa de Cadaqués, donde veraneaba la familia.

Relojes

De su época surrealista, que le lanzó a la fama, todo el mundo conoce **Persistencia de la memoria** (1931). Esos relojes blandos sugieren, como en un sueño, la angustia del paso del tiempo. **Dalí se inspiró en unos quesos de untar, derretidos por el sol.**

Ángelus

Dalí admiraba un cuadro de Millet titulado *Ángelus*, en el que se ve a dos campesinos rezando. **Tanto le obsesionaba esa obra que escribió un estudio sobre ella** y pintó versiones. Destaca *Ángelus arqueológico* (1935).

Gala

Dalí pintó a Gala infinidad de veces. **La vistió de Virgen María, de diosa, de composición atómica...** Uno de los retratos más inspirados es *Gala de espaldas* (1945), en la que aparece desnuda de medio cuerpo, y al fondo una proyección transparente de su imagen formando un templo.

Cristo

Quizá **su mejor obra de carácter religioso sea el *Cristo de San Juan*** (1951). Se ve a Jesucristo desde arriba. Su perfecta figura, clavada en una cruz flotante, parece despedirse del mundo, que se queda a oscuras sin él.

Torero

En esta asombrosa pintura, Dalí, partiendo de dos esculturas griegas, compone un **cuadro tridimensional de imágenes ocultas,** entre las que destaca el rostro de un **torero.** También pueden verse, entre otras figuras camufladas, un **toro** y un **perro.** Abajo, a la derecha, Dalí niño juega con un aro. La obra se llama *El torero alucinógeno* y data de 1951.

DIJO...

Cuando le preguntaron a Dalí **cuál era su cuadro preferido,** su respuesta no fue demasiado original: **Las Meninas, de Velázquez.**

«Si se incendiara el Museo del Prado, salvaría», dijo, «el aire de Las Meninas, *que es el de mayor calidad que existe*».

El Teatro-Museo Dalí

Diseñado por el mismo Dalí en el reconstruido Teatro de Figueras, constituye un fiel resumen del personaje y su obra. Se inauguró en 1974. En este sorprendente espacio artístico pueden contemplarse **más de mil quinientas creaciones dalinianas:** pinturas, dibujos, esculturas, joyas, grabados, instalaciones, hologramas…

El lugar más famoso de esta imponente muestra es la Sala Mae West, una habitación que imita la forma del rostro de la famosa actriz: dos cuadros forman los ojos, las cortinas simulan su melena rubia, un reloj y una chimenea componen la nariz, y el inspirado sofá imita la boca. *Asimismo destacan la Sala del Viento y la instalación el Cadillac lluvioso,* el coche de Dalí, en cuyo interior no para de caer agua y que está lleno de caracoles. También **puede visitarse la tumba del artista,** situada en la cripta.